Margot Käßmann

Folge deiner Hoffnung

Folge deiner Hoffnung

MARGOT KÄSSMANN

KREUZ

Herausgegeben von Gabriele Hartlieb

www.kreuz-verlag.de

Umschlaggestaltung: agentur IDee
Umschlagmotiv: © Olga Ermolaeva/istockphoto.com

Satz: Arnold & Domnick, Leipzig
Herstellung: fgb · freiburger graphische betriebe
www.fgb.de

Gedruckt auf umweltfreundlichem, chlorfrei gebleichtem Papier
Printed in Germany

ISBN 978-3-451-61048-6

Inhalt

I.

Aus der Tiefe leben – innehalten und Kraft schöpfen

Hoffnung bestärken

Mir erscheint es wichtig, jungen Menschen eine gute Portion Hoffnung mit auf den Weg zu geben. Es gibt Schwierigkeiten, das Leben ist voll von Problemen, unsere Welt steht schnell am Rande des Abgrundes: Wenn es aber genügend Menschen mit der Hoffnung gibt, dass eines Tages Gott unter uns wohnen wird und alle Tränen abgewischt werden, Leid und Schmerz und Tod und Geschrei nicht mehr sein werden – so beschreibt die Bibel eine hoffnungsvolle Zukunft – (Offenbarung 21), dann wird aus der Zukunftshoffnung, die über die Welt hinausgeht, das Engagement wachsen, in dieser Welt Spuren des Reiches Gottes zu legen. Gott weiß ja vom Leiden und Sterben. Der sterbende Mann am Kreuz ist die vielleicht größte Provokation für eine Welt voller Gewalt. Da gewinnt Ostern und Auferstehung Bedeutung für mich.

Diese Hoffnung drängt zur Einmischung in die Welt. Sie wird Christinnen und Christen immer wieder zur Zivilcourage anregen wie Martin Luther King. Hoffnung muss unterschieden werden von Optimismus und Erwartung. Erwartung gilt dem Kommenden. Optimismus betrifft einen guten Ausgang. Hoffnung gilt dem noch Ausstehenden. Ohne Hoffnung ist die Welt trostlos im wahrsten Sinne des Wortes!

Meines Erachtens gibt es zwei Formen der Hoffnung. Das eine ist die Hoffnung auf ein besseres Leben, eine bessere Welt hier und in dieser Zeit. Margarete Buber-Neumann schreibt in ihrem Buch *Als Gefangene bei Stalin und Hitler*, wie auf einem Transport aus einem Gulag in der Sowjetunion im Viehwaggon von Hoffnung gesprochen wurde. „Wir hofften darauf, frei gelassen zu werden, endlich nicht mehr gefangen zu sein, nicht mehr das Lagerelend erleben zu müssen." Da hält der Zug, und alle hoffen auf geöffnete Türen, einen neuen Anfang. Vor den Türen aber stehen SS-Männer. Es geht in das nächste Lager, ein deutsches Konzentrationslager. Margarete Buber-Neumann sagt: Bei einigen, vor allen Dingen den Männern, zerbrach in dem Augenblick die Hoffnung, und sie haben ohne Hoffnung nicht überlebt.

Hoffnungslosigkeit heißt keinen Sinn mehr zu finden für das eigene Leben, keine Möglichkeit der Veränderung. An Hoffnungslosigkeit kann ein Mensch sterben. Andererseits kann Hoffnung eine ungeheure Kraft entfalten. Da ist die Mutter im Flüchtlingslager, die alles tut, damit ihre Kinder eine bessere Zukunft haben – Hoffnung auf Gerechtigkeit. Der Arbeitslose, der die 37. Bewerbung schreibt – Hoffnung auf Arbeit. … Die krebskranke Frau, die eine schlimme Chemotherapie durchmacht – Hoffnung auf Heilung. Der Priester und die Pastorin, die unermüdlich vermitteln zwischen Katholiken und Protestanten in Nordirland – Hoffnung auf Versöhnung. Wie viel Hoffnung in dieser Welt! Und all diese Hoffnung legt Spuren des kommenden Reiches Gottes, in dem Gerechtigkeit und Heil und Frieden mitten unter uns sein werden. Solche Hoffnung kann ungeheure Kraft entfalten, ja sie kann Berge versetzen.

Meines Erachtens ist solche Hoffnung immer gespeist von Glaube und Vertrauen. Das ist nämlich die andere Variante der Hoffnung: Gott begleitet mich, mein Leben ist nicht sinnlos und zwecklos. Nein, mein Leben macht Sinn, weil Gott mich ansieht, weil Gott dieses Leben will. Und wenn meine Pläne scheitern, wenn dieses Leben zu Ende geht und Krankheit, Sterben, Tod anzuschauen sind, dann habe ich Hoffnung darauf, dass Gott meinen Namen geborgen hält über Sterben und Tod hinaus. Diese Hoffnung gibt Lebenskraft und Lebensmut. Wenn die Hoffnung auf eine verbesserliche Zukunft die Hoffnung auf Gottes Zukunft zusammenkommen, dann kann Hoffnung weltbewegende Kraft entfalten!

(Erziehen)

Die Tiefe zulassen

Es gibt zwar viele glückliche Menschen, aber doch auch viele, die innerlich ausgebrannt sind. Das Leben besteht bei den Erfolgreichen oft aus dem Versuch, möglichst viel „rauszuholen“: Du musst mit den andern mithalten können mit deinem Auto, deinem Haus und deinem Geld … Und als Frau, da musst du vor allem schlank sein und richtig aussehen. Mit Botox-Gift unter die Falten gespritzt, der Silikonausfütterung für den Busen und Fettabsaugen nähert sich frau dem vermeintlich guten Aussehen an – und zeigt eine große Angst vor dem Altern … Und wer als Mann nicht genug verdient, arbeitslos ist, krank oder behindert, der steht am Rande und schaut dem Leben sozusagen zu. Der Sinn des Lebens – danach wird nicht viel gefragt. – Der Werbeetat der deutschen Wirtschaft liegt bei sechs Milliarden Euro pro Jahr. Wer nicht konsumiert, existiert sozusagen nicht. Aber wer nur noch konsumiert, verliert die Tiefe des Lebens schnell aus dem Blick.

(Gut)

Alles hat seine Zeit

Auch das Geheimnis, das Warten, das Erhoffen, das Ersehnen macht das Leben wunderbar, wertvoll, besonders. Was für ein Genuss kann die Vorfreude sein! Nicht jetzt schon, aber dann! Nicht jeder Tag ist gleich. Alles hat seine Zeit. Das ist eine tiefe Weisheit der Bibel! Und sie wird gerade mit dem Entzünden von Kerzen erkennbar. Jesus als das Licht der Welt macht die Welt heller. Eine Kerze entzünden ist eine Art Kernritual. Der helle Schein bringt Licht, Freude, Wärme und Trost in unser Leben.

(Himmel)

Der Seele Zeit geben

Wir brauchen Zeit für die Innerlichkeit, für das, was den Menschen in der Tiefe ausmacht, ja überhaupt erst zum Menschen macht. In dieser so auf Fortschritt und Technik fixierten Welt, in der wir leben, sind die Veränderungen bisweilen so rapide, dass wir gar nicht mehr erfassen, wer wir sind, uns selbst im Strudel verlieren. Allein in den vergangenen zwanzig Jahren haben sich auch durch Privatfernsehen, Handy und Computer Lebenswelten und Alltag völlig verändert. Da kann unsere Seele meist nicht Schritt halten. Sorgen wir bewusst für unsere Seele. Sie ist so oft erschöpft und verletzt, vielleicht auch einfach vernachlässigt.

(Gut)

Schweige und höre

Es muss erst einmal still werden, damit wir Gott hören können. In unserer Zeit wird es selten genug still. Alles ist laut, wir lassen uns ununterbrochen beschallen. Weil ständig irgendetwas piepst und klingelt, imitieren inzwischen angeblich bereits Singvögel die Handy-Klingeltöne – und singen lauter, um die Menschen-Geräusche zu übertönen. Viele Menschen kennen gar keine Stille mehr und wissen nicht, wie sie damit umgehen sollen. Überall ist es laut, überall wird geredet oder ein Geräusch gemacht, die Welt dreht sich so schnell und die Veränderungen sind so rapide, dass wir uns selbst zu verlieren drohen. Oder anders ausgedrückt: Unsere Seele kann nicht Schritt halten. Seelsorge braucht unsere Zeit. Das schöne Lied aus Taizé kann den Anfang machen: *Schweige und höre, neige deines Herzens Ohr, suche den Frieden.* Ja, wer schweigt und hört, kann Frieden finden für die Seele. Stille ist notwendig geworden. Nur wer Stille findet, kann hören lernen. Ohne in die Stille zu gehen, laufen wir vor uns selbst und vor Gott weg. Wir lassen uns ablenken durch Gags und Gackern. Wer freitagabends fernsieht, könnte meinen, das ganze Leben sei ein einziger Witz. Eine der traurigsten Statistiken unseres Landes ist für mich die: Ein 75-jähriger Deutscher hat durchschnittlich neun Jahre vor dem Fernsehgerät verbracht. Wie soll er oder sie da noch Gott hören? In welchem Programm wäre Gott denn zu finden?

(Mitte)

Stille und Klarheit

Wüstenzeit ist Zeit der Stille und Möglichkeit zum Hören auf die eigene Stimme tief drinnen, die sonst so leicht übertönt wird. Und sie ist eine Chance, neu zu hören auf Gott und das, was er zu sagen hat.

Jesus geht in die Wüste, freiwillig. Nein, nicht wirklich freiwillig: Der Geist führt ihn dorthin, heißt es. Ein Geführter. Ein Getriebener? Er setzt sich einer extremen Erfahrung aus. Ob er klären will, welches die richtigen Weichenstellungen für sein Leben sind? Nach der Wüste wird er öffentlich predigen, das Reich Gottes verkündigen. Er wird die Kraft haben, seinen ganz eigenen Weg zu gehen. Die Wüste wird zum Ort der Klärung der eigenen Berufung, zum Ort der Bewährung. Jesus hat das gewusst. Das Volk Israel hat es erlebt. Wüstenzeit lehrt, worauf es ankommt. Da wird das Stück Brot zum Leben und der Schluck Wasser zum Genuss. Und tief drinnen spürt der Mensch: Es kommt darauf an, dass ich meine Seele nicht verliere. Meine

Seele, meine Mitte, meine innere Balance. Denn was immer der Mensch auch durchmacht, seine Seele ist in ihm und sucht nach Leben und nach der lebendigen Beziehung zu Gott. In der Wüste! Und im Leben, das manchmal Wüste ist.
Jesus wird in die Wüste geführt, um Klarheit zu finden. Er muss verstehen, was sein Auftrag ist. Er geht bewusst, findet sich nicht einfach dort vor. Jesus sieht sich vom Geist geführt, von der Geistkraft. Er versteht, dass er diesen Weg in die Wüste alleine gehen muss, um die innere Klärung zu finden und die Kraft für seinen Auftrag. Anfang dreißig war Jesus bei dieser Erfahrung, aber sie steht gut für die notwendigen Klärungen in der Mitte des Lebens, die jeder und jede für sich allein finden muss.

(Mitte)

Kräfte sammeln

Ich erlebe, in der Mitte des Lebens entsteht eine größere Ruhe, weniger Aufgeregtheit. Dazu ist es aber auch nötig, diese Ruhe zuzulassen. Um unsere Kräfte zu finden, müssen wir ihnen auch Raum geben zu wachsen. Stille Zeiten, Rückzugszeiten, bewusste Erfahrungen seelischer und körperlicher Erholung, auch hier eine Balance zwischen … Anforderung und Gelassenheit. Angesichts von allem, was ich erlebt und erfahren habe, angesichts der Erfahrung auch, dass ich heute schneller erschöpft bin als mit dreißig, kann ich akzeptieren, wo meine Grenzen sind und was ich brauche, damit ich im Gleichgewicht bin … Werde ich heute gefragt, wie ich es geschafft habe, vier Kinder großzuziehen und berufstätig zu sein, kann ich es gar nicht mehr sagen. Was ich weiß: Heute würde ich es nicht mehr schaffen. „Alles hat seine Zeit“, heißt es in der Bibel. Und so hat auch das Krafthaben seine Zeit und das Kräftesammeln.

(Mitte)

Stille, Liebe, Raum für Gott

Zeit brauchen wir für Poesie im Leben. Zeit, dem Leben nachzusinnen. Zeit für die Rede von Gott, die Tiefe gewinnt. Ja, die Poesie ist wohl eine der Sprachen Gottes. Gedichte und Gebete, sie begleiten uns im Leben, wenn wir uns darauf einlassen. Und dann wird Neues in uns Raum gewinnen, eigene Worte vielleicht, oder auch Stille, Liebe, Raum für Gott.

(Geborgenheit)

Rituale

Gibt es Orte, an denen ich neue Kräfte finden kann? Wo sind meine Kraftquellen?
Die Antwort darauf wird sicher unterschiedlich aussehen. Auszeiten, Oasentage, Stille und Meditation sind gute Möglichkeiten, Abstand zu gewinnen von einem Alltag, der überanstrengt, und Ruhe zu finden. Für viele ist die Entdeckung der Spiritualität eine Entdeckung von Kraftquellen. Oft sind es ja alte, sehr alte Rituale, die uns im Alltag begleiten können. Die einen nehmen die Herrnhuter Losung mit in den Tag. Andere finden eine tägliche Zeit für das Gebet oder auch für eine Meditation. Wieder andere suchen eine Kirche auf, zünden eine Kerze an oder gehen am Sonntag zum gemeinsamen Gottesdienst.

(Mitte)

Einander segnen

Beim Segen geht es um liebevolle Zuwendung unter den Menschen. Einander segnen ist Zeichen einer besonderen Beziehung. Segen empfangen, etwa im Gottesdienst oder in der besonderen Feier, ist auch ein Zeichen, dass wir wissen, wir sind auf Gott angewiesen. Die Geste, die Berührung gibt Kraft – durch Gottes Segen finden wir Kraft, das Leben zu bestehen.

(Himmel)

Den Alltag unterbrechen

Kraftquellen müssen nicht ausschließlich spiritueller Natur sein. Ich gewinne auch neue Energie aus einem Abend mit einer Freundin in der Sauna, ein paar Stunden in einem Wellness-Bad. Der Besuch einer Kunstausstellung kann mir Kraft geben. Ein ausgiebiger Spaziergang. Ein Frühstück mit den Töchtern. Wichtig ist: Entschleunigung, Entspannung, Unterbrechung des Alltags.

Für Menschen, die im Alltag eher zu viel Ruhe haben oder gar Leere empfinden, ist vielleicht auch ein Kontrastprogramm die richtige Kraftquelle – Aktivität, Sport, Zusammensein mit anderen, eine ehrenamtliche Aufgabe, die fordert. Ich denke an einen Mann, der im Ruhestand erlebt, wie seine Qualitäten als Bankfachmann in der Schuldnerberatung ganz neu gefragt sind. Er kommt jetzt in Wohnungen, die er früher nie betreten hätte, aber er erlebt: Ich werde gebraucht. Ich verdiene kein Geld mit meiner Arbeit, aber ich leiste einen ungeheuer wichtigen Beitrag, Menschen brauchen mich und vertrauen mir. Diese Erfahrung des Geben-Könnens, des Gebraucht-Werdens, der Beteiligung an der Gestaltung des Gewebes, das eine Gesellschaft zusammenhält, kann ungeheure Energie schenken.

(Mitte)

Erfülltes Leben

So, wie du bist, kannst du vor Gott treten. Gott liebt nicht die am meisten, die am besten aussehen, die das Größte leisten. O ja, die Erfolgreichen liebt Gott auch, so ist das nicht. Ich denke schon, dass Gott sich mitfreut, wo etwas gelingt. Und die Erfolgreichen sind oft besonders gefordert, sie dürfen sich freuen und sie sollen Verantwortung übernehmen. Gott will doch erfülltes Leben. Wenn du glücklich bist, sei das aus ganzem Herzen, mit ganzer Seele und danke Gott dafür! Dankbarkeit vergessen wir zu oft.

(Dunkelheit)

In diesem Augenblick

Was ist Glück? Vielleicht nur ein Moment. Tief durchatmen. Alles ist gut. So gut wie es nur sein kann. Jetzt. In diesem Augenblick. Das wahrnehmen, das ist Glück.

(Gut)

II.

Krisen überwinden – das Leid hat nicht das letzte Wort

Plötzliche Krankheit

Gestern noch warst du voll gut drauf, alles normal, Alltag halt. Heute wirst du in eine Klinik eingeliefert und dein Leben ändert sich völlig. Auf einmal wirst du morgens geweckt, der Klinikalltag bestimmt dein Leben: Blutdruckmessen, Frühstücksanlieferung, Visite, Untersuchung, Mittagessen, Besuchszeit. Du bist einem Rhythmus ausgeliefert, den du nicht selbst bestimmen kannst.

Und in all dem fragst du dich: Wie krank bin ich? Was bedeutet das? Wo finde ich jemanden, der mir ehrlich und ernsthaft Auskunft gibt? Dann sollst du noch deine Angehörigen beruhigen, Besuch freundlich empfangen, mit dem Menschen im Nachbarbett plaudern. Das ist fast schon Stress und lässt kaum Zeit zum Nachdenken, kaum Zeit für die wirklich wichtigen Fragen: Was, wenn diese Situation mein ganzes Leben verändert, wenn nichts mehr wird, wie es einmal war? Was, wenn es eine Krankheit zum Tode ist, ohne Chance auf Heilung? Bin ich vorbereitet, habe ich geregelt, was mir wichtig ist, besprochen, was ich noch sagen wollte?

Wer plötzlich erkrankt, gerät in eine Ausnahmesituation. Im Krankenhaus ist ein Mensch fremdbestimmt. Die Abläufe eines solchen Hauses lassen sich nicht individuell gestalten. Auf der anderen Seite kämpfen Patientinnen und Patienten um Information, Wissen und um Selbstbestimmung. Den Entscheidungen anderer ungefragt ausgeliefert zu sein, kann eine tiefe Demütigung bedeuten, gerade für Menschen, die es gewohnt sind, selbst zu entscheiden über ihr Leben.

Wichtig ist, dass Zeit bleibt zum Nachdenken. Habe ich Angst vor der Krankheit? Wie kann es weitergehen? Ist solche Zeit vorhanden, kann eine Krankheit auch eine Chance sein, eine geschenkte Zeit, in der ich neu ordne, was wichtig ist, in der ich aus dem Alltagstrott ausbrechen kann und mein Leben mit etwas Distanz anschaue. Was ist mir wichtig? Was wollte ich schon lange verändern und hatte einfach nicht die Kraft dazu? Krankheit lässt uns erschrecken, aber sie lässt uns auch reifen. Mich hat es berührt, als jemand sagte,

Menschen, die nie krank gewesen seien, kämen ihm vor wie Menschen, die von der Welt redeten, aber niemals gereist seien …
Schon im Buch Hiob erfahren wir die Grenzen eines Erklärungsmusters, das Leiden als Strafe deutet. Hiob, der Gerechte, musste leiden. Und die traditionellen Antworten Hiobs und seiner Freunde tragen nicht angesichts der Tatsache, dass Hiob nicht gesündigt hat und sich von daher sein Unglück nicht erklären läst. Hiob versucht, sich in Gott hineinzudenken, auch wenn es allen bisherigen Interpretationsversuchen widerspricht. Die Antwort Gottes an Hiob ist der Verweis auf die Schöpfermacht – ohne dass so das Leiden erklärt würde. Die Botschaft an Hiob ist, dass auch das Leiden in den Glauben an Gott hinein genommen wird.

(Wünsche)

Kraft in der Krise

Krisen gehören zum Leben. Das griechische Wort „krinein“ bedeutet „unterscheiden“. Das würde mir auf den zweiten Blick in der Tat gut gefallen: Wir lernen zu unterscheiden zwischen Wichtig und Unwichtig etwa. Fernsehen, Geld und Lottozahlen sind weniger wichtig als Glaube, Liebe, Hoffnung. Schnelle Rendite? Längst nicht so interessant wie das Einstehen füreinander. Wachstum ist kein Gott, den ich anbete, sondern ein nachhaltiger Lebensstil. Und Gottvertrauen ist wichtiger als Geld. Miteinander bringt mehr als Egomanie. Sogar bei den Geschenken scheint die ja nun schon ausgebrochen – in der Zeitung war zu lesen, wir mutierten nun zu „Ego-Shoppern“. Bitte nicht: wir schenken, um uns zu freuen aneinander, über das Gottesgeschenk Jesus.

Ja, es gibt Krisen in unserem Leben, schon heute und vielleicht morgen; aber wir dürfen uns auch freuen, hier und heute, an unserem Leben, am Zusammensein, am Singen und Beten. Beten wir für

Frieden in der Welt, geben wir Brot für die Welt, damit der Hunger ein Ende hat, und bitten wir Gott um Kraft, mit den Krisen unseres Lebens und den Krisen unserer Erde angemessen umgehen zu können, wenn sie uns erreichen. Mich ermutigt der Gedanke, dass Gott uns die Kraft zur Bewältigung von Krisen nicht im Voraus gibt, weil wir sonst hochmütig werden. Aber wir dürfen darauf vertrauen, dass Gott uns mitten in der Krise die Kraft gibt, damit umzugehen, wenn wir Gott darum bitten.
Welchen Blick haben wir auf die Welt, auf unser Leben? Ist unser Blickwinkel rein negativ? Oder gehen wir mutig auf die Probleme unserer Beziehung zu, sie sind ja Teil unseres Lebens. Legen wir die Frage, ob das Studium mich zu einem Arbeitsplatz führt, voll Gottvertrauen in die Zukunft. Sprechen wir über die Angst, allein zu sein. Sehen wir das Leben als Geschenk aus Gottes Hand: Du wirst mich Wege führen, auf denen ich gehen kann. Ich kann nicht tiefer fallen als in Gottes Hand …

(Dunkelheit)

In der Wüste des Lebens

Wir machen Wüstenerfahrungen, kennen Zeiten, in denen wir durch die Tiefen im Leben gehen, Zeiten, in denen wir die Ziele in unserem Leben aus den Augen verlieren. Leidenszeiten, Passionszeiten als Erfahrungen von Lebenswüste – auch das kennt wohl jeder Mensch. Wüstenerfahrungen können auch Zeiten sein, in denen der Glaube schwindet, die Lebenslust, Zeiten, in denen Verzweiflung an die Oberfläche kommt, Angst uns beherrscht. In solchen Wüstenzeiten zischeln sozusagen die Schlangen. Da erfahren wir, was Versuchung ist, da will das Zerstörerische Oberhand gewinnen. Wir sollten solche Wüstenzeiten nicht einfach ignorieren. Gott bietet uns dabei Orientierung an, eine Lebenszusage, die zulässt, dass wir von den Wüstenwanderungen reden, von den Ängsten auch vor Schlangen und von den Hoffnungen unseres Lebens.

(Gut)

Vertraue dich Gott an

Aber gerade das gebrochene Leben will Gott stärken. Da, wo du nicht mithalten kannst, hält dich Gott. Wenn du überfordert bist, Fehler machst, betrogen hast – vertrau dich Gott an.

Ich bin überzeugt, dass Gottvertrauen auch Mut macht zum Vertrauen in andere Menschen. Da kann die junge Frau, die abtreiben will, den Schritt gehen, sich anderen mitzuteilen. Der Vater, der sein Kind geschlagen hat, findet die Kraft, sich Hilfe zu holen. Die Ehefrau, die ihre vermeintlich so heile Welt nicht mehr erträgt, traut sich, darüber zu reden. Das ist oft der erste Schritt in die Veränderung: Die Fassade einreißen, sich anvertrauen.

Wir wissen, woher wir kommen und wir wissen, wohin wir gehen. Weil wir gehalten sind von Gott, können wir unseren Fehlern und Macken, unserem Versagen und unserer Trauer ins Gesicht sehen.

Weil wir uns als Christinnen und Christen gehalten wissen, können wir über Schwächen reden. Wir müssen nicht die starken Macher markieren.

Die Vertrautheit, die das Bild von Maria, Josef und dem Kind ausdrückt, sie ist kein Perfektionismus, der Familien unter Druck setzen muss. Es ist die Freiheit, sich bei Gott geborgen zu wissen. Weil wir uns geliebt wissen, können wir lieben.

(Dunkelheit)

Engel: Gottes Nähe spüren

Ja, ich denke, es gibt Engel. Sie sind die Erfahrung von Gottes Nähe. Definieren kann ich Engel nicht, sie lassen sich nicht einfangen, auch nicht mit der Sprache. Aber sie sind da. Wenn wir uns für sie öffnen, können wir ihnen begegnen: In andern Menschen, im Spüren, im Glauben. Lassen wir uns da nicht beirren. Und lassen wir uns auch nicht einreden, Engel seien nur etwas für Esoteriker. Sicher gibt es viel Missbrauch von Engeln und auch Engelglaube, der außerhalb des christlichen Glaubens liegt. Aber die Erfahrung von Engeln ist in den Evangelien überliefert und in Jahrhunderten erkennbar gewesen. Sicher sollten Engel nicht überhöht werden und an die Stelle Gottes treten. Wir können auch nicht festlegen, was und wie ein Engel ist. Aber wenn Sie Engel sehen, spüren, ist das nicht abwegig. Zum Glauben gehört auch die Offenheit für eine Erfahrung von Gottes Nähe.

(Dunkelheit)

Schmerz

In der Mitte des Lebens ist mir wichtig geworden, Krankheit und Leid und Krisen als Vertiefung anzusehen. Menschen, die nichts davon erfahren haben, bleiben meist oberflächlich, denke ich manchmal. Interessanter jedenfalls sind diejenigen, die solche Tiefen kennen, denn sie leben anders.

(Mitte)

Vergeben können

Sie sind verletzt, tief enttäuscht, betrogen. Und doch und gerade deshalb wünsche ich Ihnen die Freiheit, zu vergeben, neu die Hand auszustrecken. Ja, es kann sein, dass sie ausgeschlagen wird. Aber diese Verletzbarkeit ist eben auch Teil des Lebens und der eigenen Lebendigkeit. Es braucht viel Mut dazu und viel Großmut. Aber es bringt Freiheit.

(Geborgenheit)

Nicht tiefer als in Gottes Hand

Worum es mir einfach auch geht: immer wieder Mut zu machen, die Wunden anzusehen – unsere eigenen und die anderer. Es geht darum, Gottes Ohnmacht und Gottes Allmacht zusammenzudenken, so schwer das ist. Ja, das Leben kennt Gebrochenheit, kennt Kreuzeserfahrung als Teil des Lebens. Sich das klar zu machen, ist das eine. Es in einer erschütternden Situation am eigenen Leib zu erfahren, ein anderes. Alles Hadern, auch das „Warum gerade ich?“ wird nicht helfen, sondern nur ein Annehmen von Verzweiflung und Schmerz und der Erkenntnis: Warum eigentlich nicht ich? Wir alle müssen mit der Herausforderung leben, dass unser Leben gefährdet ist, ständig. Es könnte mich treffen oder eine andere Person. Es gibt kein Leben unter einer schützenden Glashülle. Es gibt keine Garantie auf Unversehrtheit. Zum Leben gehört die Gefährdung von Leben. Wen es nicht so hart trifft, der sollte das nicht für eine Selbstverständlichkeit halten. Gerecht ist das nicht.

Es ist wichtig, dass die Gesunden demütig werden. Denn es ist wirklich ein Geschenk, gesund zu sein. Keine Leistung, nein. Nur wer einmal Schmerzen hatte, wer weiß, wie schwer es sein kann, sich morgens allein anzuziehen, wie schlimm eine Nacht unter Schmerzen ist, kann die Freiheit von Schmerzen, kann Leistungsfähigkeit wohl richtig zu schätzen wissen. Ich sehe bei Besuchen in Pflegeheimen oder Behinderteneinrichtungen, wie viel Kraft das Leben kosten kann, wenn jemand nicht gesund ist. Das macht nachdenklich und dankbar zugleich.

(Geborgenheit)

Du bist bei mir

„Der Herr ist mein Hirte, mir wird nichts mangeln!“ – mich erstaunt immer wieder, wie dieser eine Psalm 23 Menschen in der ganzen Welt tröstet, ermutigt, stärkt. Wie viele können ihn mitsprechen als vielleicht einzigen Teil der Bibel, den sie auswendig kennen. Wohl denen, die so einen inneren Schatz geborgen haben für schwere Tage.

(Gut)

Der Herr ist mein Hirte,
ich leide nicht Not;
auf grünender Weide lässt er mich lagern.
Er führt mich an Wasser der Ruhe,
Erquickung spendet er meiner Seele.
Er leitet mich auf dem rechten Pfad,
getreu seinem Namen.

Psalm 23,1-3

In der Krise

Hass zerstört Leben, dein eigenes zuallererst. Dagegen solltest du ankämpfen. Wut, Trauer, Zorn, Ärger, Verletztheit, Selbstmitleid, Verzweiflung: Deine Gefühle brauchen Raum. Manchmal kannst du nur stillhalten und warten. Aber lass es nicht zu schwarz werden in dir und um dich. Es gibt kleine Dinge, die helfen: sich körperlich etwas Gutes tun, Sport treiben oder sich etwas Schönes gönnen. Lass dir von anderen dabei helfen. Auch wenn ich es selten sage, jetzt meine ich es: Sei egoistisch!

(Geborgenheit)

Durch die Trauer zu neuem Leben

Was Hoffnung gibt an der Erzählung vom Sterben Jesu, ist, dass es die Frauen sein werden, die nach diesen Tagen von Tod und Sterben als Erste begreifen: Dies ist eben nicht ein Ende! Sie spüren, dass Unrecht und Tod nicht gesiegt haben, sie vertrauen Gott, dass Auferstehung möglich ist. Vielleicht kann nur, wer wirklich weint, zutiefst trauert, auch offen sein für solches Geheimnis, für so ein Wunder, das eben nicht mit Händen zu greifen ist. Leid ist wie Glück ein bewegendes Gefühl, das mich ganz und gar in Beschlag nimmt. Manchmal kann heftiges Weinen einen Durchbruch bringen, zur Klarheit beitragen.

Frauen werden in den ersten Gemeinden der Urchristenheit eine zentrale Rolle spielen. Oft bleiben sie namenlos wie die weinenden Frauen von Jerusalem.
Aber viele Namen sind auch erhalten: Lydia und Junia, Phöbe und Priska, Tryphäna und Persis bei-

spielsweise. Paulus grüßt sie ausdrücklich in seinen Briefen. Aus der Klage ist Freude geworden, aus den Tränen Mut, aus der Trauer wurde Hoffnung. Aber all das geht nicht schnell. Es braucht Zeit, Lachen hat seine Zeit, Weinen hat seine Zeit. Beides aber ist Erleben. Auch Weinen kann Mut zum Leben zeigen, weil Tränen Nähe zum Leben zulassen.

(Hoffnung)

Worte finden

Eine meiner schwersten Beerdigungen habe ich als ganz junge Pastorin in Spieskappel vollzogen. Es war die eines kleinen Mädchens. Ein liebenswertes Kind, ein Jahr jünger als unsere älteste Tochter. Es war ein Sterben ohne Schuldige, ohne Grund. Sie hatte eine schwere Erkältung, das Herz versagte. Sie starb auf dem Weg ins Krankenhaus. Die Eltern waren uns gut bekannt, wir haben manchen Abend miteinander verbracht. Bis heute gilt ihnen meine Hochachtung. Sie haben ihre tote Tochter nach Hause geholt. Das Mädchen wurde aufgebahrt in ihrem Kinderzimmer. In der einen Hand hielt sie einen Strauß Schneeglöckchen, in der anderen ihre Lieblingsbarbie. Sie war fünf Jahre alt geworden.
Als ich an ihrem Totenbett stand, versagte mir fast die Stimme; ich selbst war damals 28 Jahre alt. Alles, was ich sagen konnte, war ein Vaterunser, und ich war dankbar dafür, diese Worte so tief zu kennen, dass ich nicht nach ihnen suchen

musste. Das ist mir später noch oft so gegangen in Situationen von großem Leid oder Sterben. Da fehlen die Worte – und es ist gut, sich dann an eine Sprache erinnern zu können, die angemessen ist. Wohl dem, der einen Psalm kennt, wohl der, die ein Gebet weiß.

(Erziehen)

Unser Vater im Himmel,
geheiligt werde dein Name,
dein Reich komme,
dein Wille geschehe,
wie im Himmel, so auch auf Erden.
Unser tägliches Brot gib uns heute,
und vergib uns unsere Schuld,
wie auch wir unsern Schuldnern
vergeben haben.
Und führe uns nicht in Versuchung,
sondern rette uns vor dem Bösen.

Matthäus 6, 9-13

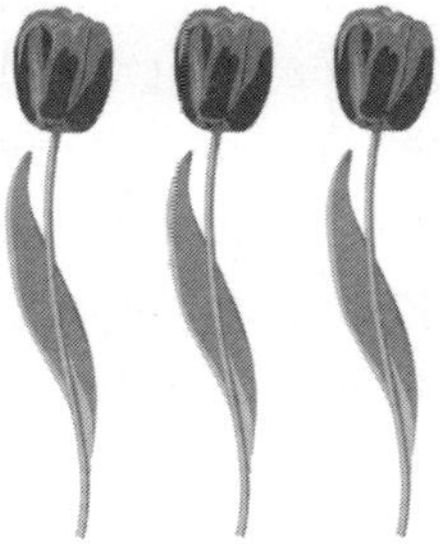

III.

Angenommen sein – Glauben leben

Geborgenheit

„Von allen Seiten umgibst du mich und hältst deine Hand über mir. Diese Erkenntnis ist mir zu wunderbar und zu hoch, ich kann sie nicht begreifen.“ (Psalm 139) Vielleicht hat der Psalmbeter Recht: Wir können Gott nicht begreifen, das wäre ja auch vermessen … Aber doch dürfen wir glauben, dass Gott uns birgt und begleitet und hält wie beispielsweise eine liebende Mutter.

(Gut)

Wollte ich Flügel mir leihen vom Morgenrot und
ließe mich nieder am fernsten Gestade,
auch dort noch wird deine Hand mich geleiten und
halten mich deine Rechte.

Psalm 139, 9.10

Mit Schuld und Versagen leben – Vertrauen lernen

Wir müssen lernen, mit Schuld und Versagen zu leben. Die meisten Menschen versuchen, sie zu übergehen, zu ignorieren, wegzudrücken; ich bin überzeugt, das rächt sich irgendwann. Gerade als Christinnen und Christen können wir doch auch unser Scheitern ansehen, bewusst damit umgehen, es vor Gott bringen. Nicht nach dem Motto: schnell gebeichtet und alles ist vergessen. Nein: im Vertrauen darauf, dass wir uns vor Gott nicht verstellen müssen – und können. Und dass Gott auch vor dem Scheitern nicht den Blick abwendet und uns einen neuen Anfang schenken will.

(Geborgenheit)

Falsch abgebogen

„Und sieh, ob ich auf bösem Wege bin und leite mich auf ewigem Wege“ (Psalm 139). Ob Gott das kann, uns von falschen Wegen zurückbringen auf Wege, die Sinn machen, die aufbauen? Ich denke ja. Aber davor ist die Frage vielleicht, ob wir Gott das Urteil zutrauen über unsere Wege, ob wir selbst bereit sind zu sagen: An der letzten Kreuzung bin ich offensichtlich falsch abgebogen.

(Gut)

Umkehren können

Der Begriff „Buße“ meint ja „Umkehr von einem falschen Weg“, erkennen, dass etwas ganz und gar nicht stimmt. Und das ist heute nicht gerade beliebt. Unsere Gesellschaft ist geradezu darauf angelegt, nicht allzu tief nachzudenken. Wir sollen und wollen nicht innehalten, nachfragen, in uns gehen. Nein, wir sollen und wollen shoppen und Spaß haben und fernsehen. Natürlich habe ich auch gern Spaß, finde Entspannung überhaupt nicht negativ. Nur müssen wir uns doch fragen, wo unser Leben sinnvoll ist und wo wir wirklich am Sinn völlig vorbei gehen. Wo erliegen wir den Versuchungen der Konsum- und Fernsehwelt? Wo rennen wir in Teufelskreisen wie im Hamsterrad herum? Wo bieten wir Steine an statt Brot? In welchen Lebenswüsten befinden wir uns?

(Geborgenheit)

Veränderung ist möglich

Das ist doch ermutigend: Gott traut uns Veränderung zu! Wir sind nicht auf ewig verstrickt in ein vorherbestimmtes Schicksal. Nein. Und nicht nur wir haben eine Chance zur Veränderung, auch Gott selbst ist offenbar nicht unerschütterlich in den eigenen Absichten. Weil Gott ein lebendiger Gott ist und keine leblose unveränderbare Statue. Gott hat den Menschen geschaffen, weil Gott in lebendiger Beziehung zu den Menschen existieren will. Das ist eine große Lebenschance. Veränderung ist möglich. Gott gibt uns je neu eine Chance!

(Gut)

Tragende Kraft

Ich finde es wichtig, über Angst, über Zukunftsangst zu sprechen. Viele verdrängen das einfach, denke ich. Oder sie lenken sich ununterbrochen ab mit Fernsehen, Einkaufen, Planen. Wer über das eigene Leben, über die Zukunft, den Sinn und die Welt nachdenkt, ist letzten Endes mutig. Weil die mögliche Leere, die mögliche Sinnlosigkeit eine ungeheure Beängstigung ist. Ich will dir den christlichen Glauben nicht als Vertröstung anbieten. Doch ich will dir sagen, dass er für mich nicht eine Ablenkung, sondern eine tragende Kraft ist, eine unbändige Hoffnung, dass einerseits das Leben hier Sinn macht, diese Zeit, die Gott mir schenkt, und dass andererseits Gottes Welt und Zeit über all das hinausgeht, was ich erfassen kann und sehe. Vielleicht ist die Antwort auf die Frage: Warum leben?, ja auch nur: Lebe!

(Geborgenheit)

Worte in Zeiten von Angst

In jenen Tagen nach dem 11. September 2001 ist vielen Menschen auf neue Weise deutlich geworden, dass Kirchenräume Orte sind, die uns aufnehmen in Zeiten der Trauer und Angst, durchbetete Räume, die Leid und Trauer kennen. Orte, an denen inmitten von Sprachlosigkeit Worte gefunden werden, Jahrtausende alte Worte von Leid und Trost, keine Worthülsen, sondern Gottes Wort.

(Ground Zero)

Hingabe

Glaube braucht auch Zeit. Wir nehmen uns Zeit für Fitness und für Urlaub, Zeit für die Familie und Zeit für den Beruf, für die Fortbildung.
Dass aber auch unser Gespräch mit Gott Zeit braucht, das sehen viele nicht ein. Doch wie ich die Beziehung zu einem anderen Menschen hegen und pflegen muss, so ist es auch mit der Beziehung zu Gott. Die gibt es nicht mal eben schnell und preiswert nebenbei. Sie braucht meine Energie, meine Konzentration, sie braucht Liebe und Engagement. Hingabe – das ist ein altmodischer Begriff, aber er trifft auch heute gut, was gemeint ist.

(Hoffnung)

In guten und schlechten Tagen

„Ich sitze oder stehe auf, so weißt du es, du kennst meine Gedanken von Ferne. Ich gehe oder liege, so bist du um mich und siehst alle meine Wege“ (Psalm 139) – das ist nicht die beängstigende Drohung: „Gott sieht alles!“ Nein, das ist die beruhigende Gewissheit: Ich kann mich Gott anvertrauen in den Höhen wie in den Tiefen meines Lebens. Gott hält zu mir in guten und in schlechten Tagen.

(Gut)

Wir müssen nicht perfekt sein

Ist das nicht tröstlich: Nicht wir müssen göttlich werden, perfekt. Sondern Gott wird Mensch. Gott selbst kommt uns entgegen, streckt die Hand aus. Ja, es gibt Angst und Fragen im Leben. Ja, du darfst dich auch freuen im Leben, glücklich sein. Aber in all dem bist du nicht allein, selbst wenn Menschen dich enttäuschen. Gott wendet sich dir zu. Gott wird geboren, Gott wird Mensch in Jesus. Und deshalb können wir in Verantwortung leben aus einer Hoffnung heraus, die weit über diese Zeit und Welt hinaus geht. Wir vertrauen darauf, dass nicht nur Vergangenheit und Gegenwart, sondern auch die Zukunft in Gottes Hand liegen. Wir können uns fallen lassen in Gottes Gnade, Gottes Zuwendung dankbar feiern und wissen, dass uns das auch auf den Weg bringt, kleine und große Schritte zu gehen. Damit wir auch die Welt unter dieser Zuwendung verändern.

(Dunkelheit)

Angenommen sein

Gott ruft ganz normale Menschen mit all ihren Schwächen und Fehlern in die Nachfolge.
Petrus hat Angst vor dem Versagen, er kann darüber weinen. Das macht ihn sympathisch und nahbar. Und dann schenkt Gott ihm die Kraft, doch konsequent seinen Weg zu gehen, einen überzeugenden Weg. Machen wir Petrus nicht zu einem großen Übermenschen, der die ganze Kirche tragen muss. Er ist eher der Normalmensch, das Fußvolk, das wir alle als Kirche sind. Gerade das macht doch Hoffnung …

(Hoffnung)

Worauf es ankommt

Unser Leben sieht anders aus, wenn wir es aus dem Blickwinkel Gottes betrachten. Natürlich nicht perfekt! Wichtiger als gutes Funktionieren sind Freiheit, innerer Frieden, Freude am Leben! Wir können rational handeln, klar denken, souverän entscheiden. Aber das ist nur die halbe Sicht. Liebe, Freundschaft, Zuwendung lassen sich nicht kaufen – doch sie tragen uns und wirken langfristig.

(Dunkelheit)

Ja, Gott ist bei dir

Segen ist die Zusage der Begleitung Gottes, die mir ein anderer Mensch macht. Segen ist die Versicherung und der Zuspruch: Ja, Gott ist bei dir auf deinen Wegen, den schweren wie den glücklichen. Du bist geborgen in seiner Hand, getragen von seiner Kraft. Du bist nicht allein, andere Menschen denken an dich und du bist auch Teil der christlichen Gemeinschaft in aller Welt.

(Begleitet)

Ein Geschenk

Martin Luther hat immer wieder betont, dass Glaube ein Geschenk ist. Ich denke, es gibt solche Momente, in denen ein Mensch plötzlich begreift: Ja, Gott ist da!

(Hoffnung)

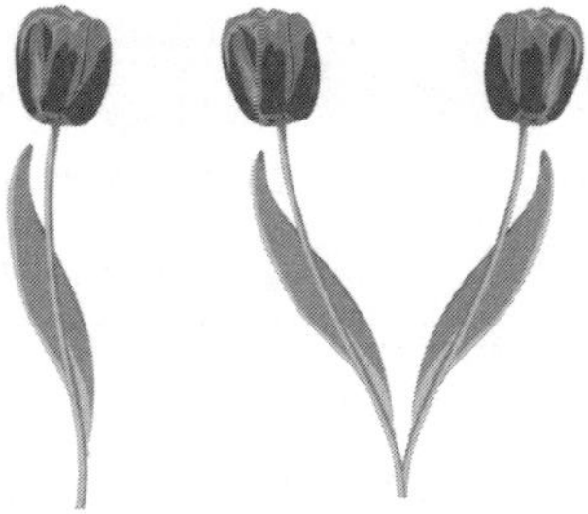

IV.

Zur Balance finden – Vertrauen und Gelassenheit entwickeln

Das Gute sehen, das Richtige tun

Wer glaubt, kann gelassener werden. Und auch diese elende Angst ablegen, stark sein zu müssen, sich zu beweisen. Vielleicht auch aufhören, immer woanders das Bessere zu suchen. Hier bin ich heute an diesem Tag und stehe vor Gott. Was ist wirklich wichtig? Es geht um einen Lebensstil, der sich freimacht von der Vorstellung, wir könnten durch Kaufen Sinn finden. Gewiss, ich kaufe gern etwas Schönes. Aber das ist zweitrangig. Wir brauchen Mut, zu schauen, das Gute zu sehen, das uns umgibt und die Belastungen zu tragen, denen wir nicht ausweichen können. Fromm leben heißt, mich Gott anvertrauen und Verantwortung übernehmen zugleich, Zuspruch und Anspruch, Gnade und Herausforderung annehmen.

(Gut)

Balance finden

Es kann passieren, dass wir in der Mitte des Lebens einfach an uns selbst vorbeilaufen. Dann ignorieren wir, wo wir stehen, und machen einfach täglich weiter, und es folgt Trott auf Trott. Aber das Leben ändert sich, und um seinen Herausforderungen zu begegnen, ist eine innere Balance notwendig, eine Übereinstimmung von Innen und Außen, braucht es Gelassenheit und Ruhe, ohne die wir nicht die Kraft haben, unser Leben bewusst zu gestalten. Das kann von Mensch zu Mensch sehr verschieden aussehen, aber es bedarf eines Innehaltens. Immer wieder einmal ist sozusagen ein Stoppschild nötig, das signalisiert: Halt mal an und schau, wer du bist und wo du stehst. Und dann betritt mutig neues Land.

(Mitte)

Kleinigkeiten zum Glück

Wenn Jesu auf die Lilien auf dem Feld hinweist, an denen sich der Mensch ein Beispiel nehmen sollte, dann ja wohl, um die ewige Sorge des Menschen um den morgigen Tag infrage zu stellen. „Es genügt, dass jeder Tag seine eigene Plage hat", sagt er. Und das gefällt mir!

Wie viele Sorgen machen sich Menschen, um dies und um das, um großes, aber wirklich auch um Kleinigkeiten. Glück wahrnehmen heißt auch, sich am Kleinen freuen können, jetzt diese Muschel mitnehmen, die kleinen Narzissen im Garten kräftig gelb gegen das eklige Märzwetter anleuchten sehen, dem Eichhörnchen zuschauen, das durch den Garten hüpft. Ja, ich weiß, Kleinigkeiten. Vielleicht dann Größeres: Glück, dass ein Kind gesund aufwachsen kann. Glücklichsein ist vielleicht schlicht eine Haltung der Dankbarkeit, die nicht alles Gute selbstverständlich nimmt, sondern als Gottes Geschenk ansieht.

(Mitte)

Sorgt euch nicht um euer Leben,
was ihr essen werdet, noch um eueren Leib,
was ihr anziehen werdet. Ist nicht
das Leben wichtiger als die Nahrung
und der Leib wichtiger als das Kleid?
Schaut auf die Vögel des Himmels:
Sie säen nicht, sie ernten nicht und
sammeln nicht in Scheunen und euer
himmlischer Vater ernährt sie.
Seid ihr nicht viel mehr wert als sie?
Wer aber von euch kann mit seinen Sorgen
seiner Lebenslänge eine einzige Elle hinzufügen?
Und was sorgt ihr euch wegen der Kleidung?
Betrachtet die Lilien des Feldes, wie sie wachsen:
Sie arbeiten nicht und spinnen nicht.
Ich sage euch aber: selbst Salomo in all
seiner Pracht war nicht gekleidet
wie eine von ihnen.

Matthäus 6,25-29

Stress – und inneres Gleichgewicht

Achte auf Dich selbst! Du bist stundenweise berufstätig, managst den Haushalt und versorgst die Kinder, das schlaucht einfach. Da weiß eine Frau manchmal gar nicht mehr, wer sie selbst ist, kümmert sich zu wenig um sich selbst und mag sich vielleicht selbst nicht mehr sehen. Wusstest du, dass – wie eine BBC-Umfrage vor ein paar Jahren herausgefunden hat – die meisten Frauen ihren Körper „hassen“ und sich gern einer Schönheitsoperation unterziehen würden? 60 Prozent der Befragten gaben an, ihren eigenen Anblick im Spiegel nicht ertragen zu können, nur ein Drittel der Frauen war „einigermaßen zufrieden“ mit ihrem Aussehen, nur eine von 25 Frauen war völlig zufrieden mit ihrem Körper! Sheila Sang vom Internetprovider AOL, der die Befragung initiiert hatte, sagte: „Wir leben in einer Welt, die von Diät, Äußerlichkeiten und Imageveränderungen geradewegs besessen ist.“ Dabei setzen sich Frauen Standards, die so wenig mit der Normalität zu tun haben wie die superlangen, superdünnen Models mit einem durchschnittlichen vierzigjährigen Frauenkörper. Das ist so furchtbar, weil Frauen sich so unter Druck setzen. Ich glaube, es geht gar nicht so sehr darum, dass du etwas tust, um einem Mann zu gefallen, sondern dass du etwas tust, damit du dir selbst gefällst. Wenn du mit dir, mit deiner Seele, deinem Körper im Einklang bist, dann strahlst du das auch nach außen aus, ganz egal, welche Konfektionsgröße oder Haarfarbe du hast. „Liebe deinen Nächsten wie dich selbst", heißt es in der Bibel. Das ist sehr weise, denn wir können andere wohl nur lieben, wenn wir auch uns selbst lieben können. Wenn du also deinen Kindern mal Zeit entziehst, weil du etwas für dich tust – sei es Sport oder Sauna oder Kino oder Lesen – dann wird ihnen das zugute kommen, weil du dein inneres Gleichgewicht neu finden kannst.

(Geborgenheit)

Zur Mitte finden

Das ist im Grunde, was uns die Mystiker auf den Weg geben: Sich dem Atem überlassen, der Seele. Und loslassen, was uns so bedrängt. Und Kraft schöpfen für unser Leben, weil wir eine Mitte haben. Weil wir unsere Seele finden.
In der Bibel heißt es: „Was hülfe es dem Menschen, wenn er die ganze Welt gewönne und nähme doch Schaden an seiner Seele?" (Matthäus 16, 26). Das ist wahrscheinlich die zentrale Frage unseres Lebens. Wir weichen ihr zu oft aus, weil wir durchs Leben rennen, von Aufgabe zu Aufgabe, von Termin zu Termin, von Woche zu Woche, von Urlaub zu Urlaub. Dabei merken wir gar nicht, wie das Leben vergeht.
Wer das Leben gewinnen will, muss anhalten. Einmal aussteigen und neu sortieren: Wichtiges und Unwichtiges, Oberflächliches und Tiefes.

(Geborgenheit)

Vertrauen

Wenn ich selbst verantwortlich bin für Lebensgestaltung und Lebensplan, wer entlastet mich dann, wenn etwas schief läuft, scheitert, wenn ich unglücklich werde? Woher weiß ich, was das Richtige für mich ist? Was mich glücklich machen wird? Oder ich will alles, und darum kann ich mich gar nicht entscheiden und bin wie gelähmt, weil die Entscheidung für das eine zugleich eine Entscheidung gegen so viel anderes ist. Weißt du, bei mancher Entscheidung ist wohl einfach das Vertrauen wichtig, dass ich getragen werde, selbst wenn die eingeschlagene Richtung im Rückblick nicht das ultimativ Beste war. Gott eröffnet immer neue Wege und jeder Mensch muss damit leben, nicht das Optimale „rausgeholt" zu haben. Wer das will, wird niemals zufrieden sein. Ich denke, es kommt im Leben manchmal weniger auf das Was als auf das Wie an.

(Geborgenheit)

Gelassen handeln

Warum nur sind Begriffe wie „Gutmensch“ und „Weltverbesserer“ zu Schimpfwörtern geworden? Was wäre denn, wenn wir alle „Bösmenschen“ und „Weltverschlechterer“ wären? Haben wir den Mut zu einer Kontrastperspektive, zu einer Gegenkultur, wie die Bergpredigt sie entwirft? Gut wäre das, wenn wir die Vorwürfe und das Lachen der Welt über die, die für Gerechtigkeit und Frieden eintreten, für Gewaltüberwindung und Bewahrung der Schöpfung einfach hinnehmen können mit der Gelassenheit und Heiterkeit des Glaubens.

(Gut)

Selig die Armen im Geist;
denn ihnen gehört das Himmelreich.
Selig die Trauernden;
denn sie werden getröstet werden.
Selig die Sanftmütigen;
denn sie werden das Land erben.
Selig, die hungern und dürsten nach der
Gerechtigkeit; denn sie werden satt werden.
Selig die Barmherzigen;
denn sie werden Barmherzigkeit erlangen.
Selig, die ein reines Herz haben;
denn sie werden Gott schauen.
Selig die Friedensstifter;
denn sie werden Söhne Gottes heißen.
Selig, die verfolgt werden um der
Gerechtigkeit willen;
denn ihnen gehört das Himmelreich.

Matthäus 5,3-10

„Fromm" sein?!

Wir sollen „besonnen, gerecht und *fromm* leben". Da höre ich die ersten schon wieder seufzen. Spricht da die Moralapostelin, die nun erklärt, was wir alles nicht dürfen – und das ist wahrscheinlich alles, was Spaß macht? Nein, so platt moralisch ist die biblische Botschaft gar nicht. Ich weiß wohl, der Begriff „fromm" ist wahrhaftig nicht in Mode. Aber Frommsein – das darf nicht nach Mottenkugeln riechen oder moralinsauer aufstoßen. Fromm sein ist vielmehr eine wunderbare Lebenshaltung. Sie meint eine Doppelbeziehung: Ich weiß mich von Gott gehalten und getragen. Deshalb gehe ich offen auf andere zu und will Gottes Welt mitgestalten. Fromm sein ist eine eigene innere Freiheit von all den Zwängen und Urteilen der Welt. Auch wenn die Werbung uns ständig das Gegenteil eintrichtert, sagt die Bibel: Es ist nicht das Wichtigste im Leben, ob ich den Super-Arbeitsplatz habe, viel Geld verdiene, ein geiles Auto fahre und eine tolle Figur habe. Nein. Christen kennen ein Kontrast-

programm: Du hast deinen Lebenssinn darin, dass Gott dir zusagt: Fürchte dich nicht! Ich bin ja da. Und nun mach' das Beste aus deinem Leben. Wer so leben kann, ist wirklich ein freier Mensch.
Dann kann ich gelassener werden. Und auch diese elende Angst ablegen, stark sein zu müssen, mich zu beweisen. Oder vielleicht auch aufhören, immer woanders das Bessere zu suchen – in einem anderen Land, mit einer anderen Frau, bei einem anderen Job. Es geht darum, unser Leben zu ordnen in all dem Durcheinander. Dazu gibt Gott Orientierung. First things first.

(Dunkelheit)

Beschenkt

Als ich in den Südstaaten der USA war, fand ich am Anfang vor allem lustig, wenn Menschen auf die Frage: „How are you?“ – „Wie geht es dir?“ antworteten: „I am blessed!“ Aber je länger ich darüber nachdachte, desto besser gefiel es mir. „Ich bin gesegnet“: Darin steckt ein Bewusstsein dafür, dass Gott mich mit so vielem wirklich beschenkt hat, eine Grunddankbarkeit als Lebenshaltung.

(Gut)

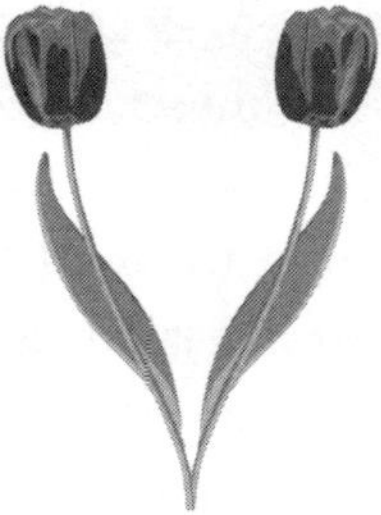

V.

Mut für die Zukunft haben – der Hoffnung folgen

Lust an der Veränderung

Ich wünsche mir ein Leben, das von Visionen und Träumen lebt. Das Lust hat an der Veränderung. Das weiß, dass wir die Welt gestalten können und sollen. Ein Leben mit kritischem Blick ohne Angst vor Umkehr. Gott hat uns die Erde anvertraut, sie zu bebauen und zu bewahren. Jesus Christus hat uns gezeigt, wie wir in der Nachfolge Welt gestalten können und unser privates Leben Sinn erfährt durch Gottes Lebenszusage. Dem Christentum mit dem Ruf zur Umkehr und gerade dem Protestantismus wird ja oft Lebenslust abgesprochen. Aber ich denke, das ist eine völlige Fehleinschätzung. Gerade weil wir wissen, dass Gott uns unser Leben schenkt, dass Gott uns Neuanfang immer wieder zusagt, dass wir uns ganz und gar Gott anvertrauen dürfen, gerade deshalb dürfen wir eine ungeheure Lust zum Leben haben. Wir können Mut zum Handeln finden, weil unser Leben seinen Wert nicht aus dem Gelingen, der Leistung schöpft, sondern aus Gottes Lebenszusage. Weil wir eben auch nicht zwanghaft am Leben hängen müssen, sondern wissen, dass wir auch über dieses Leben hinaus bei Gott gehalten und getragen sind. Unser Leben lebt auch von Träumen und Visionen!

(Gut)

Die Welt in einem anderen Licht sehen

Eine Gotteserfahrung kann beängstigend sein. Die Welt erscheint in einem anderen Licht. Unser Leben erscheint in einem anderen Licht. Wir werden Grenzgänger zwischen Himmel und Erde, weil wir neue Freiheit erfahren von dem, was die Welt auf die erste Stelle der Tagesordnung setzt. Das ist die Freiheit der Kinder Gottes! Zu dieser Freiheit gehört allerdings Mut.

(Gut)

Neu anfangen

Die Philosophin Hannah Arendt hat einmal gesagt, das Besondere am Menschen sei nicht die Sterblichkeit, denn die gelte auch für Tiere und Pflanzen. Das Besondere sei die menschliche Fähigkeit, etwas völlig Neues zu beginnen. Das ist auch unsere Hoffnung: neu anfangen dürfen. All das ablegen, was uns das Leben schwer macht. All die Kreisläufe, in denen wir gefangen sind, durchbrechen. Neu anfangen. Was würden wir heute ganz anders machen? Wo gab es Weggabelungen, an denen wir vielleicht anders hätten abbiegen sollen? Und müssen wir das denn bereuen, oder können wir nicht mit der falschen Abbiegung einen richtigen Weg finden? In unserer Ehe, mit unseren Kindern, in unserem Beruf. Und wo sind wir dankbar, dass Gott uns Wege gewiesen hat, Menschen über unseren Weg geschickt hat, Chancen eröffnet wurden? Welches Leid quält uns, welche Angst vor Krankheit, vor Trennung treibt uns um? Wir dürfen alles vor Gott bringen. Gott will uns halten jetzt und hier und über den Tag und über unseren Tod hinaus. Darauf können wir vertrauen, daran dürfen wir glauben: Gott lässt dich nicht fallen, wir sind nicht allein. Ein neuer Anfang ist möglich bei Gott.

(Dunkelheit)

Zuspruch und Anspruch

Du musst dir den Sinn deines Lebens nicht durch besonders herausragende Leistungen selbst erarbeiten. Und dein Leben erhält seinen Sinn auch nicht durch besonderes Gelingen oder durch Geld oder Können oder sonst etwas. Da ist zuerst und vor allem Gottes großer Zuspruch, der gibt dem Leben Sinn. Der Sinn des Lebens ist sozusagen ohne dein Zutun gesetzt. Das gilt auch für die Opfer der Geschichte, die ich nicht ignoriert wissen will.
Aber dann gibt es eben auch Gottes Anspruch: Ich habe dir das Leben geschenkt, nun mach auch etwas daraus! Für mich heißt das: Übernimm Verantwortung da, wo du stehst. Finde Glück in den kleinen Dingen. Lebe so, dass du jederzeit, falls es zu Ende geht, Rechenschaft ablegen und sagen kannst: Ich habe stets versucht, das Beste daraus zu machen, Verantwortung zu übernehmen, glücklich zu sein. Da gab es Fehler und Scheitern, widrige Umstände und Verletzungen, aber ich kann dazu stehen.

(Geborgenheit)

Mut! Und Glück

Sie sind ein Ehepaar, das spät Kinder bekommt. Da lautet beim zweiten die bestürzende Diagnose: Down Syndrom. „Wir können es hier gleich wegmachen“, sagt der Arzt. Die werdenden Eltern aber wollen erst überlegen. Sie machen sich kundig per Internet. Und bleiben stur: Unser Kind soll auf die Welt kommen. Als er geboren wird, ist der Kleine zumindest körperlich völlig gesund. Mal sehen, was er entwickelt, welche Fähigkeiten in ihm verborgen liegen. Ein zum Glück erwünschtes Kind, ein Sohn ist uns geboren …

(Gut)

Kinder: Lebenslust!

Und dann ist da diese ungeheure Lebenslust. Ein nacktes schreiendes Kind am Strand, das gegen den Wind anrennt! Ein brabbelndes Baby unter einem Baum, glücklich einfach im Anblick der sich wiegenden Blätter. Ein in das Spiel versunkenes Kind, in einer eigenen Welt, unansprechbar. Ein Kind, das beim Anblick eines Bilderbuches vor Freude juchzen kann. Das ist das pure Leben, Lebenslust, die zu erleben ein großes Geschenk ist. Mit Kindern zu leben bedeutet auch, mit einem Auf und Ab der Gefühle zu leben. Bedeutet furchtbare Angst, ungeheure Wut, schrecklichen Ärger – und unfassbares Glück. Ja, es ist ein Abenteuer, Kinder zu begleiten.

(Erziehen)

Träume für die Zukunft

„Ich träume davon, dass wir im Stande sein werden, den Rat der Hoffnungslosigkeit zu vertagen und neues Licht in die Dunkelkammern des Pessimismus zu bringen“, hat Martin Luther King gesagt. Was ist das für ein Traum! Lasst uns das träumen! Den Rat der Hoffnungslosigkeit wollen wir vertagen, das ist ein wunderbares Bild. Hoffnungslosigkeit und Lamento stehen immer schnell und gern auf der Tagesordnung. Dabei sind wir doch in der Lage, die Welt zu gestalten. Wir sind nicht wie Marionetten dem Schicksal ausgeliefert. Nein! Gott hat uns gezeigt, dass mit Liebe Gewalt überwunden werden kann. Das ist nicht naiv, sondern davon gibt es Spuren. Da gibt es wirkliche Hoffnungsträger wie etwa Nelson Mandela, der mit seinen Visionen 27 Jahre Gefängnis, Rassismus und Erniedrigung überstand, ohne zu verbittern. Ja, wir dürfen träumen, wir dürfen weissagen und Visionen haben, wir können Fantasie entfalten. Wir können Licht in die Dunkelkammern des Pessimismus bringen, auch wenn wir klein anfangen. Es müssen nicht immer die ganz großen Leute und die ganz großen Themen sein. Vielleicht ist es eine Initiative hier, ein Schritt dort, Fantasie an diesem Ort und eine Hoffnung da drüben, die sich nicht unterkriegen lässt durch die angebliche Übermacht eines düsteren „Wir können doch nichts ändern“.

(Gut)

Hoffnung hat Kraft

Es gehört Mut dazu, das Leben in die Zukunft zu entwerfen, die Hoffnung zu haben, dass sich alles ändern könnte. Ich bin überzeugt, dass wir eine solche Hoffnung nicht aus uns selbst ableiten können. Aber wir können anknüpfen an eine Hoffnung, die uns schon vorgegeben ist. Wenn wir anfangen, uns von dieser Hoffnung inspirieren zu lassen, dann beginnt sie erkennbar zu werden und Boden zu gewinnen. Dazu ist ein langer Atem notwendig, Geduld im Hoffen. Dabei kann es helfen, die Momente im Leben festzuhalten, wo etwas gelungen ist. Ein Moment der Zärtlichkeit. Eine Erfahrung von Solidarität. Ein Wintertag mit klarem Atem, kalter Luft und offenem Himmel. Hoffnung kann durchtragen auch durch Zeiten, in denen wenig Gelingen, wenig Zuversicht erfahrbar ist.

(Gut)

Sehnsucht wird Wirklichkeit

Jesus malt Bilder gegen die Wirklichkeit. Es muss nicht so sein, wie es ist, es muss nicht so bleiben. Es kann auch ganz anders sein, sagt er. … Eine wunderbare Inspiration sind die Seligpreisungen für ein Miteinander der Menschen jenseits der Machtkämpfe, Intrigen und Leistungsansprüche, jenseits des Gegensatzes von Arm und Reich, von Bedeutend und Unbedeutend. Leben in dieser Welt kann gelingen. Und das ist gar nicht so unrealistisch, wie viele behaupten. Die UN schreibt in ihrem Jahresbericht, dass der Zirkel von Armut und Elend innerhalb einer Generation überwunden werden könnte. Wir können in Frieden miteinander leben. Es ist möglich, nachhaltig zu wirtschaften. Vielleicht ist es die dringlichste Aufgabe der Christinnen und Christen heute, diese andere Lesart für die Zukunft, diese Hoffnung einzubringen in unsere Zeit und Welt.

(Gut)

Auf die Träume achten

Menschen haben stets geträumt, haben aus ihren Träumen die Kraft und den Mut zu Veränderungen geschöpft. Sie haben sich von ihren Träumen leiten lassen, Wegweisung Gottes in ihnen erkannt. Der größte Träumer der Bibel ist Joseph. Dass er Träume zu deuten wusste, hat ein ganzes Volk vor der Hungerkatastrophe bewahrt. Und da ist auch Jakob mit seinem Traum von der Himmelsleiter, in dem er Zuversicht gewinnt für den weiteren Weg. Oder denken wir an die drei Weisen, denen Gott im Traum zeigt, dass sie Herodes nichts von dem neugeborenen Kind sagen auf dem Rückweg von Bethlehem. In der biblischen Tradition sind Träume also Wegweisungen … Es ist gut, auf sie zu achten.

(Dunkelheit)

Gott vertrauen

Auf Gottes Lebenszusage vertrauen auch wir und vor Gott verantworten wir unser Leben. Unsere Herausforderung heute ist, dass wir dieses Gottvertrauen, dieses Wissen um die Lebenskraft Gottes, die uns in dieser Welt und der kommenden Welt tragen wird, weitergeben an die kommende Generation. Wann immer Gottes Wiederkunft Realität werden wird: Die jungen Leute heute sollten wissen, wo sie sich verwurzeln, wo sie Orientierung, Werte und Kraft finden. Wir alle sind herausgefordert, auch zu reden von dem, was wir glauben. Gott braucht Menschen. Oder wie Dorothee Sölle es formuliert hat: „Gott braucht Freundinnen und Freunde, sonst hat er keine Macht."
In diesem Sinne wünsche ich uns allen, dass wir unser Leben Jesus Christus anvertrauen. Dass wir nicht in Angst vor Gott leben, sondern im Vertrauen auf Gottes Gegenwart und ebenso in Hoffnung auf Gottes Zukunft.

(Dunkelheit)

VI.

Verbundenheit erfahren – Verantwortung übernehmen

Freundlichkeit

Beim rechten Leben geht es immer wieder um das Zwischenmenschliche, die Verbundenheit, das Zusammensein mit Freundinnen und Freunden, Verwandten, Gästen.
Gerechtigkeit ist nicht nur zu verstehen als Interessenausgleich, sondern als warmherzige Verbundenheit, Zärtlichkeit, Liebe. Davon ist manchmal wenig zu erkennen in unserem Umfeld, in unseren Betrieben, in der Kirche. Auch hier sind unsere Beziehungen oft berufsbezogen. Zärtlichkeit und Warmherzigkeit werden dann weggesteckt in die Frauenecke. Allenfalls noch modisch als „emotionale Intelligenz" gewürdigt.
Freundlichkeit lieben – wenn das in der Bibel vom Menschen gefordert wird, ist eine Lebenszuwendung zum Anderen angemahnt. Sie schafft einen Lebenszusammenhang, in dem nicht Ökonomie regiert, sondern die Zeit, die der sterbende alte Mann braucht, die Zeit, die ich für das Kind haben muss, für eine Frau auf der Straße, die Fragen hat.

Wir müssen uns tatsächlich fragen, wie sehr wir Freundlichkeit lieben – und wie sehr wir auf uns selbst bezogen sind. Für wie kostbar halten wir unsere eigene Zeit, die wir dann lieber nicht mit anderen teilen?

(Gut)

Für andere da sein

Das Zeichen, dass ich für einen anderen das Kreuz trage, ist bis heute ein tiefes christliches Symbol in allen Kulturen der Erde. Schotte ich mich ab, denke ich nur an mich oder bin ich bereit, für einen anderen, für eine andere einzustehen? So wie Jesus selbst es ja tat für uns. Jesus ist derjenige, der das Kreuz für uns alle trägt. Dieses Zeichen wird die Welt bewegen. Simon von Kyrene, er ist der Erste, der als ganz durchschnittlicher Mensch das Kreuz auf sich nimmt, der Erste in der Nachfolge sozusagen.

Solche Menschen beeindrucken mich auch heute. Ich denke etwa an die ambulante Pflege. Sicher, das ist ein Beruf, manche würden sagen, da tragen welche ein Kreuz gegen Bezahlung, das lässt sich doch nicht vergleichen. Aber dann erfahre ich in den Gesprächen, wie viele Pflegerinnen sich weit über das Dienstliche hinaus engagieren. Da erzählt die eine: „Ich bringe manchmal Kuchen mit. Das Strahlen in den Augen der alten Frau belohnt mich

dafür." Und eine andere berichtet: „Der alte Mann weint jedes Mal, wenn ich gehe, weil ja niemand sonst vorbeikommt. Und dann bleibe ich halt noch und höre mir seine Geschichte an." Dass diese Frauen und die wenigen Männer in diesem Beruf so wenig Anerkennung erhalten, ärgert mich. Sie tragen wirklich die Lasten anderer mit und stehen gleichzeitig unter großem Druck.
Vielleicht müssen wir in Deutschland neu lernen, dass Nächstenliebe, einen anderen entlasten, auch für uns selbst eine tiefgreifende, ja verändernde Erfahrung ist. Es lässt sich nicht alles in Zahlen, Daten und Fakten verrechnen.

Im Leben sind es oft gerade die überraschenden Erfahrungen, auf die wir nicht eingestellt waren, die sich tief in unser Gedächtnis einprägen.

Und es bereichert uns selbst, wenn wir anderen zur Seite stehen. Wie viel gäbe es zu tun, wie viele Einsame zu besuchen, wie viele Mütter zu entlasten, wie viele Kinder zu begleiten in diesem Land. Die sogenannte „gute Tat" tut nicht nur dem

Empfänger oder der Empfängerin gut! Wer etwas gegeben hat, wer hilft, spürt doch auch innerlich Freude, Glück. Ein solcher Mensch kann den eigenen Weg gesegnet weitergehen. Wie Simon von Kyrene.

(Hoffnung)

Mut zur eigenen Überzeugung

Kinder brauchen starke Eltern: Aber nicht Stärke im Sinne von Durchsetzungsvermögen gegenüber ihren Kindern ist gemeint; stark sind Eltern mit klaren Überzeugungen, an denen Kinder sich orientieren können. „Kein Tierlein ist auf Erden, dir lieber Gott zu klein …“: Das Schöpfungsverständnis dieses Kinderliedes gibt mir ein Grundethos. Tiere sind Geschöpfe, keine Dinge. Eine Freundin meiner Kinder ekelt sich beim Essen in einem Restaurant, dass ich Muscheln esse: „Die haben doch gelebt.“ Ich frage sie, woher ihrer Meinung nach das Schnitzel auf ihrem Teller stamme: „Na, aus der Metzgerei“, sagt sie. Ein rechtes Verhältnis zu Tierhaltung zu gewinnen, fällt Stadtkindern schwer. … Letzten Endes sind wir Erwachsenen es, die ihnen die Umwelt entfremdet haben. Unsere Kinder haben ein Recht darauf zu erfahren, wie wir uns denn verhalten haben mit Blick auf Umweltkrise, Ungerechtigkeit, Armut.

(Erziehen)

Freundschaft

In der Bibel gibt es die Frauenfreundschaften Noomi mit ihrer Schwiegertochter Ruth und Elisabeth und ihre Cousine Maria, die beide gleichzeitig schwanger sind mit ihren Söhnen Johannes und Jesus und sich in dieser Zeit der Erwartung austauschen. Aber da sind auch die Frauen, die gemeinsam am frühen Morgen losgehen, um den toten Jesus zu salben. Sie gehen zusammen. Sie haben davor den Sabbat der Trauer und Angst, den Freitag der Hinrichtung und des Grauens miteinander erlebt. Und ich kann mir vorstellen, dass sie sich gegenseitig Mut gemacht haben: Doch, wir müssen ihn salben. Wir können ihn doch nicht ungesalbt daliegen und verrotten lassen! Das ist unsere Aufgabe, wir haben ihn schließlich alle gemeinsam die letzten Jahre begleitet. Und so gehen sie: mutige Frauen, denn Angehörige und Unterstützer von Gekreuzigten konnten nach römischem Recht selbst zum Kreuzestod verurteilt werden, da gab es keine Schonung für Frauen.

Diese Frauen, die sich gegenseitig ermutigen, die ihren Weg, der nicht leicht ist, in Freundschaft gehen und angesichts einer gemeinsamen Aufgabe: Das ist ein schönes Bild für Frauen in der Mitte des Lebens, die angstfreier werden und weniger miteinander konkurrieren. Mir wird Freundschaft immer wichtiger.

(…)

Denn eine Freundin, ein Freund sind auch heute die Ersten, die bei Liebeskummer, Eheproblemen, eigener Verzagtheit, tiefen Lebensfragen, beruflichen Weichenstellungen gefragt und gehört werden. Ich habe Freundinnen erlebt, die mir in den schwersten Zeiten meines Lebens zur Seite gestanden haben wie Felsen in der Brandung. Und ich habe erlebt, wie ich selbst für Freundinnen in schwierigster Lage solche „Felsenfunktion" übernehmen konnte. Wirkliche Freundschaft ist nie einseitig belastet, sondern gleicht sich aus im Geben und Nehmen über die Jahre.

(Mitte)

Mut

Manchmal braucht es den Mut, auszubrechen aus vorgegebenen Wegen, einen Entschluss zu fassen, spontan für einen anderen Menschen einzutreten.

(Hoffnung)

Gemeinschaft

Als Gemeinschaft miteinander verbunden zu sein, heißt auch: Wir können nicht alles Gott überlassen, wir sind füreinander da und haben eben auch selbst Verantwortung. In den letzten Jahren ist mir immer wichtiger geworden, deutlich zu machen, dass das Christentum eine Gemeinschaftsreligion ist. Wir kommen zusammen, um Gott zu loben, um zu singen, zu beten, Gottes Wort zu hören.

(Himmel)

Meine Rolle erfüllen

Da ist aber auch die Verantwortung. Der bekannte Ausspruch, der Martin Luther zugeschrieben wird, scheint mir eine angemessene Lebenshaltung: „Wenn ich wüsste, dass morgen die Welt unterginge, würde ich heute ein Apfelbäumchen pflanzen.“ Ich werde also vorsorgen für andere, meine Rolle hier im Leben erfüllen und die Zukunft Gott anvertrauen. Wie viel ich leisten kann, ob ich ganz toll bin in der Schule oder im Sport, ob ich gesund bin oder aber vielleicht behindert, das ist vor Gott nicht so wichtig. Gott hat unser je eigenes Leben gewollt, unser Leben hat schon einen Sinn, bevor wir irgendetwas Tolles leisten können.

(Himmel)

Zeichen setzen

Die Sehnsucht nach erfülltem Leben lässt sich nicht betäuben, durch kein Shoppingerlebnis und kein Fernsehprogramm der Welt. Mir liegt aber daran, dass wir die Erlösung nicht nur auf Gottes Zukunft verschieben. Ja, dann wird Leid und Geschrei und Tod ein Ende haben, sagt die Bibel. Diese Welt endet und alles wird neu. Darauf können wir vertrauen, ohne darüber allzu viel zu spekulieren. Aber Gott traut uns auch zu, Zeichen der zukünftigen Welt schon heute zu setzen. Wie viele Menschen sind einsam im Land und würden sich über einen Besuch freuen! Wie viele Eltern sind völlig überlastet und wären froh über freiwillige Großeltern, die ihnen Erziehungsbeistand leisten. Wie viele Schüler bräuchten jemanden, der sie an die Hand nimmt, ihnen hilft beim Weg ins Leben. Unser Land braucht nicht nur handelnde Politik, sondern auch engagierte Menschen, eine aktive Zivilgesellschaft, Freiwilligendienste aller Art, damit das Gewebe lebendig bleibt, das unser Land sozial trägt. Das gilt nun zuallererst für Christinnen und Christen. Wie sagte Nietzsche: „Wenn die Christen etwas erlöster aussehen würden, könnte ich mich der Sache ja annähern." Darum geht es doch! Wir glauben an den Auferstandenen und nicht an einen Toten. Wir glauben an Jesus Christus, der kommen wird. Dafür stehen wir schon hier und jetzt ein. Im Vertrauen auf Gott leben wir das Leben bewusst, nehmen jeden Tag als Geschenk aus Gottes Hand. Wir verbringen unsere Lebenszeit nicht einfach nur irgendwie, sondern fragen, was macht heute für mich Sinn, wem kann ich vielleicht zur Seite stehen? Ich muss ja nicht gleich Deutschland sein, aber einbringen kann ich mich, auch in kleinen Schritten. Kleine Zeichen der Hoffnung, der Erlösung setzen. Eine Lebenshaltung an den Tag legen, die zeigt, worauf sie vertraut.

(Dunkelheit)

Kraft zur Veränderung

Aufmerksam mitgehen und den Jammer sehen, der Gott ergreifen muss, wenn er diese Erde anschaut. So viel Einsamkeit, so viel Not, so viel sinnloser Tod, so viel Zerstörung, so viel verpfuschtes Leben, so viel verschenkte Kraft. Plötzlich sind zwölf Milliarden US-Dollar da für die Bombardierung eines Landes, während sonst ein paar Tausend Dollar fehlen, um 24 000 Kinder täglich vor dem Hungertod zu retten oder Impfkampagnen durchzuführen. Aufmerksames Mitgehen mit Gott wird uns nicht in Depressionen über den Zustand der Welt stürzen. Vielmehr wird die Liebe, die wir erkennen, die Liebe, mit der Gott uns ansieht, Kräfte in uns selbst freisetzen, Kraft zur Versöhnung und Kraft zur Veränderung.

(Gut)

Die Welt ist verbesserlich

Ich bin überzeugt, Gott will nicht weniger von uns, als dass wir die Welt verändern. Das erschreckt einige, ich weiß! Weltverbesserer werden ja stets eher belächelt. Aber wenn Gott uns eine Orientierung gibt, dann doch die: es geht darum, Hass und Gewalt zu überwinden. Es geht darum, die Vision von Gerechtigkeit Wirklichkeit werden zu lassen. Wir können die Augen nicht davor verschließen, dass in unserer Welt so manches aus den Fugen geraten ist. Wir haben Angst vor Terror. Vor einigen Jahren wurden die 1,4 Millionen Frauen und Männer der US-Streitkräfte vom *Time Magazine* kollektiv zur Persönlichkeit des Jahres gewählt – ihr Einsatz in aller Welt aber konnte auch in diesem Jahr keinen Frieden schaffen. Vielmehr scheint es, als würde immer noch mehr Hass gesät. Während die Globalisierung gepriesen wird, hungern die Menschen in vielen Ländern, sehen keine Perspektive, gehen auf die Flucht in kleinen Flüchtlingsbooten, die im Mittelmeer versinken.

Und auch bei uns gibt es Angst – um die Rente, um die Gesundheitsversorgung, um die Arbeitsplätze, um die Kinder, die zum Armutsrisiko geworden sind.
Die Geburt des Gotteskindes ist mitten in der Angst dieser Welt wie ein Stern am Himmel, wie ein Licht über dieser Welt, das sagt: Gebt nicht auf, lasst euch nicht entmutigen. Behaltet die Vision im Auge, dass etwas verändert werden kann. Dass es keinen perfekten Frieden auf Erden gibt, darf uns nicht davon ablenken, dass wir sehr wohl für Frieden und Gerechtigkeit eintreten müssen. Das Elend auf der Welt, Hunger und Armut dürfen nicht einfach von der Tagesordnung der reichen Länder gefegt werden, nur weil es unbequem ist. Wir haben eine Verantwortung vor Gott und vor den kommenden Generationen. … Wegschauen ist keine Lösung. Wenn alle sagen, wir können nichts ändern, dann ändert sich nichts. Wir sind gefragt, uns will Gott in Bewegung setzen.

(Dunkelheit)

VII.

Dem Licht trauen – die Hoffnung trägt weiter

Wie Licht in der Finsternis

Es ist gut, dass Menschen heute wieder neu nach Gott fragen. Und dass der christliche Glaube nicht mehr so schnell abgetan wird als überholt, dass es ein offenes Fragen gibt. In der Frage nach Gott in all dem Leiden der Welt steckt ja die Frage nach der Existenz Gottes. Die Bibel kennt dieses Ringen. Und sieht dabei das Licht in der Finsternis. „Das wahre Licht scheint schon“: In vielen biblischen Geschichten wird das erfahrbar.
Wir können und sollen Erfahrungen mit Gott weitergeben. Wir können und sollen den Erzählfaden der biblischen Geschichten aufrecht erhalten. Auch ein gutes Wort der Bibel kann wie ein Licht in der Finsternis sein. Wenn es mir schlecht geht, und ich kann mitbeten „… ob ich schon wanderte im finstern Tal, fürchte ich kein Unglück, denn du bist bei mir“: Der Psalm 23 ist eine Art Glaubensnotration fürs ganze Leben. Wohl dem Menschen, der diese Ration schon als Kind ins Gepäck gelegt bekommt. Lassen Sie uns vom Glauben erzählen

in einem Land, in dem das Wissen um die biblischen Geschichten auszutrocknen droht. Auch so zünden wir Lichter an in der Finsternis.

(Dunkelheit)

Und muss ich auch wandern im finsteren Tal,
ich fürchte kein Unheil, denn du bist bei mir.
Dein Stock und dein Hirtenstab,
die geben mir Zuversicht.
Du hast einen Tisch mir bereitet
vor den Augen der Feinde.
Du salbtest mein Haupt mit Öl,
mein Becher ist gefüllt bis zum Rand.
Es geleiten mich deine Gnade und Huld
durch alle Tage des Lebens.
Und wohnen darf ich im Hause des Herrn
solange ich lebe.

Psalm 23,4-6

Die Hoffnung wach halten

Gegen alle Finsternis zünden wir Licht an, erzählen die Geschichten weiter von der Zukunft Gottes, in der Krieg und Geschrei ein Ende haben werden. Das meinten die Lichter zur Weihnachtszeit, die Kerzen an Ostern: Es gibt Hoffnung in dieser Welt.

Hoffnung, die Menschen in Dunkelheit erreicht. Solche in den Kellern, die Angst vor den Bomben haben. Solche auch in den Kellern der Einsamkeit, die keinen Menschen haben, mit dem sie sprechen können. Diejenigen in unserem Land, die Angst haben vor der Dunkelheit der Arbeitslosigkeit.
Kürzlich habe ich ein Plakat gesehen mit einer großen Friedenstaube über dem Erdball. Darunter stand: „Wir alten Europäer haben einen Vogel. Gott sie Dank!“ Das gefällt mir. Wenn Europa ein Ort wäre, an dem nach all den Erfahrungen von Leid und Krieg endlich der Wille zum Frieden stärker ist als die Rechthaberei. Wenn wir endlich

den Mut hätten zu einer Kontrastperspektive, wie die Bergpredigt sie entwirft. Wenn wir für Gerechtigkeit und Frieden eintreten, für Gewaltüberwindung und Bewahrung der Schöpfung mit der angemessenen Gelassenheit, Hoffnung und auch Heiterkeit des Glaubens. Dann stehen wir in der Nachfolge des Kindes in der Krippe, das für uns das Licht der Welt ist. Ja, es scheint, mitten in der Finsternis. Und auch durch dich und mich.

(Dunkelheit)

Wagen wir zu lieben

Durch die Ansage von der Zuwendung Gottes stehen Frieden und Menschlichkeit als Hoffnung im Raum. Gott ist uns nahe gekommen. Durch die Verletzlichkeit als Kind, die Angreifbarkeit als Erwachsener, durch die Erfahrung von Verrat und Tod. Gott kennt uns, weil Gott all das kennt. Weil wir uns gehalten wissen, mischen wir uns mutig ein.

„Mach's wie Gott, werde Mensch" hat jemand irgendwo an eine Wand gesprayt. Das ist ein weiser Ratschlag. Werden wir Mensch, öffnen wir uns mitsamt unseren Fehlern. Nehmen wir andere an, auch wenn sie nicht so sind, wie wir sie uns wünschen. Wagen wir, zu lieben. Und wagen wir aus der Freiheit der Kinder Gottes heraus, in einer lieblosen Welt für Menschlichkeit, Gerechtigkeit und Frieden einzutreten.

(Dunkelheit)

Hoffnung ist Leben

„L'espoir est notre vie" – diesen Satz fand eine Kirchengemeinde bei der Renovierung des Gemeindehauses eingeritzt in einen Dachbalken, geschrieben von Corporal Charles Royé mitten im Krieg. Die Hoffnung ist unser Leben. Ohne Hoffnung, dass sich etwas ändert, ohne Hoffnung auf Zukunft, ohne Hoffnung für die Kinder und die kommenden Generationen dieser Welt können wir nicht leben. Wir brauchen Hoffnung, damit unser Leben Sinn macht. Im Lateinischen ist *fides* übrigens derselbe Begriff für Glaube und Hoffnung. Ja, wir brauchen Glauben und Hoffnung. Und wir gewinnen beides mit der Hoffnung, die jeder neue Tag mit sich bringt, mit den vielen Zeichen für eine gute Zukunft, die es ja auch gibt.

(Gut)

Glauben, was wir nicht sehen

Wie können wir glauben, was wir nicht sehen? Mich hat in diesem Zusammenhang eine Inschrift berührt. Sie wurde entdeckt an der Wand eines Raumes in Köln, in dem Juden vor den Nationalsozialisten versteckt wurden. Menschen in Angst und Hoffnungslosigkeit, in tiefster Finsternis haben dort die Botschaft hinterlassen: „Ich glaube an die Sonne, auch wenn sie nicht scheint; ich glaube an die Liebe, auch wenn ich sie nicht spüre; ich glaube an Gott, auch wenn er schweigt." Das sind grandiose Worte der Hoffnung mitten in der Finsternis. Da wird übersetzt, was die Bibel im Johannesevangelium meint, wenn sie von der Liebe Gottes zu den Verlorenen spricht.

(Dunkelheit)

Die Hoffnung ist größer

Drei Frauen, ein riesiger Stein, ein Engel und – die Angst. Drei Frauen: Maria, Salome und Maria von Magdala. Der Tag danach, der Tag, an dem die Leere zu einem tiefen, finsteren Loch wird. Es ist wahr, Jesus ist tot. Alle Hoffnung dahin, der Geliebte, der Freund, der Mann, der ihnen Hoffnung gegeben hat, wurde gekreuzigt wie ein Verbrecher. Der Tod scheint das Ende aller Hoffnungen zu sein. Und doch: die Frauen machen sich neu auf! Maria und Salome und Maria, sie haben das Dunkel durchwatet, und nun sind sie auf dem Weg in den Morgen. Diese Frauen haben die Geschichte getragen. Es sind Frauen, deren Liebe über alle Zerstörung, über alle Hoffnung hinausgeht.

(Gut)

Nicht Ende, sondern Anfang

Die Hoffnung, die uns trägt, ist die Osterhoffnung. Es ist die Hoffnung, dass Gott die Welt nicht allein gelassen hat. Es ist nicht ein Gott, der irgendwo in fernen Welten sitzt und distanziert-kühl beobachtet, was vonstatten geht. Es ist auch nicht der Gott, der Marionetten tanzen lässt. Nein, es ist der Gott, der als Kind in die Welt kam und sich verletzlich machte bis zum eigenen Tod. Der Tod Gottes aber ist nicht das Ende der Geschichte, sondern der Anfang. Das ist tatsächlich eine Hoffnung, die wir nicht sehen. Und darum geht es beim Glauben.

(Gut)

Bei Gott geborgen

Das Wichtigste bei alledem ist aber die Hoffnung, dass der Tod eben nicht das Ende ist, sondern dass Christinnen und Christen an die Auferstehung glauben. Wie sie sein wird, wissen wir nicht, aber wir dürfen darauf vertrauen, dass wir auch nach diesem Leben bei Gott geborgen sind. Und die, die wir betrauern, sie sind vorausgegangen. Wir müssen den Tod nicht verdrängen oder verschweigen, wir können dem Tod ins Auge sehen, weil wir ihm nicht die letztgültige Macht geben, sondern Gott. Von Jesus selbst ist überliefert, dass er gesagt hat: „Und auch ihr habt nun Traurigkeit; aber ich will euch wiedersehen, und euer Herz soll sich freuen, und eure Freude soll niemand von euch nehmen.“ (Johannes 16, 22) Dass also in aller Trauer und in den Tränen, die ein Tod immer mit sich bringt, auch Hoffnung ist, das sollten wir vermitteln. Dass es den Tod gibt, weil es eben das Leben gibt. Geboren werden und sterben sind Teil des Lebens.

(Himmel)

Hoffnung tröstet

Die große Hoffnung der Bibel sieht Gottes Zukunft als neue Wirklichkeit, in der wir gehalten sein werden. Davon sollten wir Kindern erzählen. Solche Zukunftshoffnung lenkt nicht ab von der Notwendigkeit, hier und heute, mitten in unserer Welt auf Veränderung zu drängen, für Gerechtigkeit und Frieden einzutreten. Aber sie tröstet doch, wenn wir versagen und sehen, wie oft Menschen Leid und Schmerz zugefügt wird, ohne dass wir eingreifen können.

(Wünsche)

Seht, das Zelt Gottes unter den Menschen!
Er wird in ihrer Mitte wohnen
und sie werden seine Völker sein
und er selbst, Gott mit ihnen, wird ihr Gott sein.
Er wird jede Träne von ihren Augen abwischen
und es wird keinen Tod mehr geben;
auch keine Trauer, keine Klage, keine Mühsal
wird es mehr geben;
denn das Frühere ist vergangen.

Offenbarung 21,3-4

Erlöst

„Wenn der Herr die Gefangenen Zions erlösen wird, werden wir sein wie die Träumenden. Dann wird unser Mund voll Lachens und unsere Zunge voll Rühmens sein." – Sehnsucht nach Zukunft, nach Befreiung aus dem, was uns bedrückt. Sehnsucht nach einem Lachen in der Kehle, nach Lebenslust – ausgedrückt in einem Psalm (126), der Jahrtausende alt ist und nie seine Gültigkeit verlor.

(Gut)

Als heimwärts führte der Herr
die Gefangenen Zions,
uns war, als geschah es im Traum.
Da war von Lachen erfüllt unser Mund
und unsere Zunge von Jubel.
Da sagten sie unter den Völkern:
Der Herr hat an ihnen Großes getan.
Ja, Großes hat der Herr uns getan,
wie wurden wir fröhlich.
Wandle, o Herr, nun unser Geschick,
wie du wandelst die Bäche im Südland.
Die in Tränen säen,
sie werden ernten in Freude.
Weinend gehen sie dahin
sie gehen und streuen den Samen.
Doch kommen sie wieder mit Jauchzen,
sie kommen und bringen ein ihre Garben.

Psalm 126

Quellenverzeichnis

Margot Käßmann:

Erziehen als Herausforderung, Herder, Freiburg 2001 (Erziehen)

Gesät ist die Hoffnung. 14 Begegnungen auf dem Weg nach Ostern, Herder, Freiburg 2007 (Hoffnung)

Gut zu leben. Gedanken für jeden Tag. Herder, Freiburg 2004 (Gut)

In der Mitte des Lebens, Herder, Freiburg 2009 (Mitte)

Mehr als fromme Wünsche. Was mich bewegt. Herder, Freiburg 2007 (Wünsche)

Mütter der Bibel. 20 Porträts für unsere Zeit. Herder, Freiburg 2009 (Mütter)

Was können wir hoffen – Was können wir tun? Antworten und Orientierung. Herder, Freiburg 2003 (Hoffen – Tun)

Wenn die Dunkelheit leuchtet. Auf Weihnachten zugehen. Kreuz, Freiburg 2010 (Dunkelheit)

Wie ist es so im Himmel? Kinderfragen fordern uns heraus. Herder, Freiburg 2006 (Himmel)

Zur Geborgenheit finden. Antworten auf Fragen des Lebens, Kreuz, Freiburg 2010 (Geborgenheit)

Vorwort, in: Begleitet von guten Mächten. Segensworte. Hg. v. Ulrich Sander, Kreuz, Freiburg 2009

Vorwort, in: Glauben nach Ground Zero. Hg v. Margot Käßmann, Kreuz, Stuttgart 2003, jetzt Freiburg (Ground Zero)

Die Bibel. Die Heilige Schrift des Alten und Neuen Bundes. Vollständige deutsche Ausgabe, Herder, Freiburg 2005

© Dominik Butzmann

Prof. Dr. Dr. h.c. Margot Käßmann ist die bekannteste Theologin Deutschlands. Die langjährige Bischöfin von Hannover und Bestsellerautorin hat derzeit eine Gastprofessur an der Theologischen Fakultät der Ruhr-Universität Bochum. Die Mutter von vier erwachsenen Töchtern lebt in Berlin.